Maria-Regina und
Michael Altmeyer

Spuk an Halloween

Motive aus Papier

Kürbiskarte

Abbildung Seite 1

Kartengröße

15 cm x 10,5 cm

Material

- Tonkarton in A4: Kürbis
- Tonpapier in A4: orange
- Bast in Schwarz und Orange, je ca. 40 cm lang
- Reliefschere

Aus dem Gruselkarton schneiden Sie ein Rechteck (15 cm x 21 cm) aus. Falten Sie den Karton an der Längsseite zur Hälfte und beschneiden Sie die Ränder mit einer Reliefschere.
Das Innenteil aus orangefarbenem Tonpapier wird etwas kleiner zugeschnitten (ca. 14 cm x 20 cm), ebenfalls mit der Reliefschere beschnitten und in die Karte geklebt.
Um die Faltkante legen Sie schwarzen und orangefarbenen Bast und verknoten ihn auf der Außenseite. Die Bastenden verzieren Sie mit zwei aus Gruselkarton ausgeschnittenen Kürbissen.

Fotos: frechverlag GmbH, 70499 Stuttgart;
Fotostudio Ullrich & Co., Renningen

Dieses Buch enthält:
3 Vorlagenbogen

Auflage: 5. 4. 3. 2. | Letzte Zahlen
Jahr: 2006 2005 2004 2003 2002 | maßgebend

ISBN 3-7724-2993-9 · Best.-Nr. 2993

frechverlag GmbH, 70499 Stuttgart
Druck: frechdruck GmbH, 70499 Stuttgart

Liebe Gruselfreunde,

haben Sie auch schon Besuch von kleinen, in merkwürdige Gewänder gehüllten Gestalten erhalten, die an der Tür frech um eine süße Gabe gebeten haben? Oder Ihnen sogar einen lustigen Streich gespielt haben? Wenn ja, dann hat auch bei Ihnen Halloween Einzug gehalten!

Halloween, dieses schaurig-schöne Herbstspektakel, kommt auch bei uns immer mehr in Mode. In Amerika werden an diesem Tag ausgehöhlte Kürbisse mit dämonischen Gruselfratzen vor die Tür gestellt und Häuser mit den schaurigsten Spukgestalten geschmückt.

Bereiten Sie den kleinen, umhergehenden Halloween-Geistern einen gespenstischen Empfang und dekorieren Sie Ihre Wohnung ebenfalls passed zu Halloween. Mit Tonkarton und Transparentpapier im Gruseldesign geht das kinderleicht. Nicht nur fahle Skelette, Furcht einflößende Spinnen oder beißende Vampire tummeln sich auf dem Papier, sondern auch grinsende Kürbisse oder flatternde Fledermäuse verbreiten Gruselstimmung. Im Handumdrehen gestalten Sie wirklich unheimlich aussehende Fensterbilder, Einladungskarten, Tischlichter oder Laternen.

Wir wünschen Ihnen viel Freude beim Basteln mit Halloween-Papieren und lassen Sie sich nicht allzu sehr erschrecken!

Ihre

Michael Altmeyer

Maria-Regina Altmeyer

Material und Werkzeug

- Tonkarton mit Gruselmotiven und in verschiedenen Farben
- Transparentpapier mit Gruselmotiven und in verschiedenen Farben
- Wellpappe
- Hologrammfolie
- Faserseide
- Verschiedene Bänder
- Blumendraht, Bouillondraht
- Schwarzer Filzstift, Bastelfarbe, Glitter glue
- Schneiderkopierpapier, Transparent- oder Architektenpapier zum Abpausen der Motive
- Dünner Karton zur Anfertigung von Schablonen
- Bleistift
- (Metall-)Lineal
- Papierschere, Cutter, Reliefschere
- Lochzange, kleine Nadel, Klebstoff, Heißkleber
- Schneideunterlage

Genaue Materialangaben finden Sie in den Materiallisten zu jedem Modell.

Gruselpapiere

Tonkarton und Transparentpapier mit aufgedruckten Halloween-Motiven gibt es im Handel von mehreren Herstellern. Die auf den Papieren dargestellten Gespenster, Fledermäuse und sonstigen Spukgestalten unterscheiden sich im Design, jedoch nur geringfügig in der Größe. Sie können daher die meisten Modelle auch mit anderem als dem gezeigten Karton oder Transparentpapier arbeiten. Falls es ein bestimmtes Papier sein muss, ist es in der Materialliste vermerkt.

So wird's gemacht

Vorlagen übertragen

Um die Vorlagen auf den Tonkarton zu übertragen gibt es mehrere Möglichkeiten. Entweder Sie zeichnen die Motive mithilfe von Kopierpapier und Bleistift direkt auf den Tonkarton durch oder Sie fertigen sich Schablonen. Dies ist auch sinnvoll, wenn Sie ein Modell mehrmals arbeiten wollen. Legen Sie Architektenpapier auf die entsprechende Vorlage und zeichnen Sie die einzelnen Teile mit einem Bleistift nach. Dann wird das abgepauste Motiv auf ein Stück festen Karton (Tonkarton) gelegt bzw. geklebt und an den Bleistiftlinien exakt ausgeschnitten. Diese Kartonschablone legen Sie dann auf das Material Ihrer Wahl und umfahren die Konturen mit einem spitzen Bleistift.
Bei Teilen aus Wellpappe wird der Schablonenumriss auf die glatte Rückseite aufgezeichnet.

Motive ausschneiden

Motive aus Karton oder Wellpappe werden am besten mit einem Cutter ausgeschnitten. Legen Sie den Karton auf eine Schneideunterlage und ziehen Sie den Cutter mit leichtem Druck an der auszuschneidenden Linie entlang. Die Schnitte sollten möglichst in einem Zug erfolgen. Achten Sie darauf, dass Ihre Schneidewerkzeuge stets scharfe Schneiden aufweisen. Wechseln Sie stumpfe Klingen rechtzeitig aus. Das Arbeiten mit dem Cutter ist nicht ungefährlich; kleinere Kinder sollten daher nur unter Aufsicht und mit Scheren arbeiten.

Arbeiten mit Transparentpapier

Legen Sie das Transparentpapier auf die zu hinterklebende Fläche und übertragen Sie die Konturen der Innenflächen auf das Papier. Berücksichtigen Sie dabei eine ausreichend große Klebefläche, damit beim Hinterkleben kein Klebstoff auf die freien Flächen gelangen kann. Mit einer Schere schneiden Sie das Papier zurecht, bestreichen anschließend die Kartonstege mit etwas Klebstoff und drücken das Transparentpapier auf. Eventuell überstehende Papierränder schneiden Sie vorsichtig nach.

Unsere Tipps

- Den Karton für die transparenten Fensterbilder sollten Sie doppelt zuschneiden. Die Motive werden so stabiler und können auch frei aufgehängt werden.
- Prüfen Sie bei den Fensterbildern vor dem Hinterkleben, ob die beiden zugeschnittenen Motivteile exakt aufeinander liegen und gleichen Sie die Konturen eventuell mit der Schere an.
- Die kleinen Spukgestalten aus Tonkarton schneiden Sie mit einem schmalen Rand aus. Sie erhalten so mehr Kontur und heben sich besser vom Untergrund ab.

Motivhöhe

Gespenst: ca. 32 cm

Material

- 3D-Colorwellpappe, 50 cm x 70 cm: weiß
- Rest 3D-Colorwellpappe: schwarz
- Rest Tonkarton: Geister und Skelette
- Transparentpapier, 50 cm x 70 cm: schwarz, Skelette
- 2 Wattekugeln, ø 20 mm
- Blumendraht in Silber, ø 0,65 mm, 1,90 m lang
- Holzstab, ø 5 mm
- Bastelfarbe in Schwarz
- Baumwollfaden in Weiß
- Nylonfaden
- Lochzange
- 2 Teelichter

Vorlagenbogen 1A

Geisterstunde

Schneiden Sie das Gespenst doppelt aus weißer Wellpappe zu und kleben Sie das Transparentpapier zwischen die Hälften. Beidseitig fixieren Sie den Mund. Bemalen Sie die Wattekugeln auf beiden Seiten bis auf die Pupillen schwarz, diese bekommen einen schwarzen Reflexpunkt. Ziehen Sie mithilfe einer Nadel oberhalb der Augenhöhlen kurze Baumwollfäden durch die Wellpappe und kleben Sie die Fadenenden in die Wattekugeln. Dann werden an den Armen mit einer Lochzange Löcher eingestanzt.
Als Aufhänger dient ein ca. 1,50 m langer Draht, der mithilfe eines Holzstabes spiralförmig geformt wird. Ziehen Sie den Draht durch die Löcher. An den Armen sollen die Drähte etwa 10 cm überstehen. Die Drahtenden biegen Sie zu Ösen.
Schneiden Sie die Laternengrundformen aus Wellpappe aus und falzen Sie die Ansatzlinien zwischen den Laternenseiten. Hinterkleben Sie die Öffnungen mit dem Transparentpapier, wählen Sie dabei verschiedene Skelettformen aus. Dann können die Laternen zusammengeklebt werden. Mit der Lochzange stechen Sie die Aufhängeösen ein und stecken in diese die aus je einem ca. 20 cm langen Draht geformten Bügel.
Die kleinen Geister und die Skelette werden großzügig aus dem Tonkarton ausgeschnitten und mit kurzen Nylonfäden unterhalb der Laternen in den Ecken fixiert, stechen Sie dazu die Fäden einfach mithilfe einer Nadel durch die Wellpappe.
Zuletzt hängen Sie die beiden Laternen mit den Bügeln an die Aufhängung des Gespenstes. Jetzt müssen Sie nur noch die Teelichter einsetzen.

Motivbreite

ca. 41 cm

Material

- Tonkarton, 50 cm x 70 cm: schwarz
- Tonkartonreste: grün und orange
- Transparentpapier, 50 cm x 70 cm: weiß, Bäume
- Abstandsband
- Filzstift in Schwarz

Vorlagenbogen 1B

Unheimliche Gestalten

Bevor Sie die äußeren Konturen des Triptychons nachschneiden, führen Sie die Innenschnitte aus. Dann werden die gestrichelten Linien gefalzt und die Seitenteile so nach hinten geknickt, dass das Triptychon auf dem Tisch stehen kann. Anschließend wird das gesamte Motiv mit dem Gruseltransparentpapier hinterklebt. Schneiden Sie aus Tonkarton zwei Kürbisse und sieben Blätter aus und bringen Sie sie mit Abstandsband an.
Die Kürbisse bemalen Sie mit schwarzem Filzstift, die Blattlinien ritzen Sie mit dem Cutter ein.

Kürbisgeister

Großer Kürbisgeist

Schneiden Sie den Körper einmal, die Blätter und die Blätterkappe jeweils doppelt aus Tonkarton. Beidseitig malen Sie mit schwarzem Filzstift das Gesicht, die Körperlinien und die einzelnen Punkte auf. Anschließend werden die Blätter und die Kappe auf Vorder- und Rückseite fixiert. Nun bringen Sie die zweifarbige Bastschleife (je 30 cm) an.
Ziehen Sie dazu den Bast auseinander, binden Sie ihn zu Schleifen und fixieren Sie diese beidseitig mit Klebstoff. Schneiden Sie die Bastenden leicht schräg ab. Dann stechen Sie mit einer Nadel kleine Löcher in den Kürbisgeist. Die verschiedenen Figuren werden großzügig aus Gruselkarton ausgeschnitten und mit 3 cm langen, zu Ösen gebogenen Drähten gemäß der Abbildung miteinander verbunden. Dann werden Sie an den Kürbisgeist gehängt. Den restlichen Draht können Sie spiralförmig aufrollen und als Aufhänger benutzen.

Motivhöhe
Kürbisgeist: ca. 25 cm

Material
- Tonkarton in A4: orange und hellgrün
- Tonkartonreste: Kürbisse und Gespenster
- Bast in Schwarz und Orange, je ca. 60 cm lang

Kleiner Kürbisgeist

Den kleinen Kürbisgeist arbeiten Sie ähnlich wie den großen. Als Stecker dient ein ca. 50 cm langer Draht. Eine Drahthälfte wird mithilfe eines Holzstabes spiralförmig aufgerollt und mit einem Tropfen Heißkleber am Kürbisgeist befestigt. Die Klebestelle kaschieren Sie mit dem Blatt. Zuletzt binden Sie aus Bast kleine Schleifen und befestigen diese gemäß der Abbildung.

Motivhöhe
ca. 11 cm

Material
- Tonkartonreste: hellgrün und orange
- Bastreste: schwarz und orange
- Blumendraht in Silber, ø 0,65 mm, 1 m lang
- Filzstift in Schwarz
- Holzstab, ø 5 mm

Vorlagenbogen 1A

Unser Tipp
Besonders schön wirken die Geister, wenn Sie sie in einen echten Kürbis stecken.

Vorlagen-bogen 1A

- Blumen-draht in Silber, ø 0,65 mm, ca. 45 cm lang
- Filzstift in Schwarz

Spukschloss

Das Geisterschloss hat zwei unterschiedliche Außenmauern. Übertragen Sie das Motiv vom Vorlagenbogen zweimal nebeneinander auf grauen Tonkarton. Schneiden Sie zunächst die äußere Kontur der Laterne aus, anschließend werden die Ansatzlinien zwischen den Seitenflächen und die Klebelaschen für die Bodenplatte gefalzt. Nun streichen Sie den Karton wieder glatt und trennen die Innenflächen mit dem Cutter heraus.
Dann tupfen Sie mit einem Schwämmchen und etwas schwarzer Farbe das Muster auf die Mauer. Wenn der Farbauftrag getrocknet ist, kann der Karton mit Transparentpapier hinterklebt werden. Aus Tonkarton schneiden Sie zwei Tore, vier große und sechs kleine Fenster aus und verteilen diese auf den Außenseiten. Die Sprossenkreuze auf den Fenstern sowie das Holzmuster der Tore malen Sie vor dem Aufkleben mit einem dünnen, schwarzen Filzstift auf. Für die Umrandungen verwenden Sie einen Stift mit breiter Spitze. Anschließend wird die Laterne zusammengeklebt.
Dazu schneiden Sie aus grauem Tonkarton die Bodenplatte (15,5 cm x 14 cm) zu und fixieren darauf an den Klebelaschen das Oberteil. Schließen Sie dann die offene Laternenkante. Die Mini-Efeugirlande, die sich rund ums Geisterschloss herumwindet, wird mit einigen Tropfen Heißkleber befestigt. Zuletzt platzieren Sie noch einige Geister und Fledermäuse in der Girlande und auf den Mauerzinnen. Ins Schlossinnere stellen Sie eine Stumpenkerze oder ein bis zwei Teelichter.

Motivgröße

Grundfläche: 15,5 cm x 14 cm

Material

- Tonkarton, 50 cm x 70 cm: grau
- Transparentpapier, 50 cm x 70 cm: schwarz, Geister
- Streuteile aus Holz: 6 Geister und 2 Fledermäuse, ø ca. 4 cm
- Mini-Efeugirlande, ca. 160 cm lang
- Bastelfarbe in Schwarz
- Kleines Schwämmchen
- Dünner und dicker Filzstift in Schwarz

Vorlagenbogen 2A

Gruselkarten

Klapperskelett

Schneiden Sie die Grundform der Karte aus Tonkarton aus und trennen Sie mit dem Cutter die ovale Öffnung heraus. Die Kartenränder schneiden Sie mit der Reliefschere nach. Anschließend knicken Sie den Karton zur Doppelkarte. Den Ausschnitt hinterkleben Sie mit einem großen Klapperskelett, welches Sie aus Gruselkarton ausschneiden. Auch das kleine Skelett und die Spinnen in ihren Spinnennetzen werden großzügig aus Gruselkarton ausgeschnitten und auf der Karte fixiert. Die Figuren umranden Sie mit Glitter glue und tragen zusätzlich einige silberne Wellenlinien auf. Zuletzt verdrehen Sie die beiden Baststränge miteinander, legen sie um die Falzkante und verknoten sie. Die Bastenden werden mit einer Nadel etwas ausgefranst.

Kartengröße

15 cm x 10,5 cm

Material

- Tonkarton in A4: orange
- Tonkartonreste: Skelette und Spinnen
- Bast in Grün und Schwarz, je ca. 40 cm lang
- Glitter glue in Silber
- Reliefschere
- Nähnadel

Vorlagenbogen 2A

Schlossgespenst

Das Gespenst schneiden Sie aus Gruselkarton aus. Falzen und knicken Sie den Karton an der gestrichelten Linie. Das Einlegeblatt (gepunktete Linie) fertigen Sie aus Schreibpapier an, knicken es zur Hälfte und kleben es in die Karte. Die Gesichtsteile werden aus Hologrammfolie ausgeschnitten und auf die Karte geklebt. Aus schwarzem Tonkarton schneiden Sie die Fledermaus zu und ergänzen sie mit den Flügeln aus Hologrammfolie. Die Pupillen stanzen Sie mit der Lochzange aus. Ein Ende des Bouillondrahtes befestigen Sie an der Fledermaus. Dann wickeln Sie den Draht um die obere Falzkante, führen ihn einmal um den Hals herum hinunter zum ausgestreckten Gespensterarm. Das herunterhängende Drahtende dekorieren Sie mit einer silbernen Kugel. Diese formen Sie aus Alufolie und wickeln den Bouillondraht um sie.

Kartengröße

16 cm x 10 cm

Material

- Tonkarton in A4: Gespenster
- Tonkartonrest: schwarz
- Schreibpapier in A4
- Rest Hologrammfolie: grün
- Etwas Alufolie
- Bouillondraht in Silber, ø 2 mm, ca. 15 cm lang
- Lochzange

Vorlagenbogen 2A

Gruselige Kürbisse

Motivbreite

ca. 50 cm

Material

- Wellpappe in A3: orange
- Transparentpapier in A3: schwarz, Kürbisse
- Tonkartonreste: Fledermäuse und Gespenster
- Abstandsband
- Bast in Schwarz und Orange, je ca. 2 m lang
- Lochzange

Vorlagenbogen 1B

Kürbis-Paravent

Den vierteiligen Paravent schneiden Sie doppelt aus Wellpappe aus und kleben dann das Transparentpapier zwischen die Bogenteile. Dann stanzen Sie an den gekennzeichneten Stellen Löcher ein und binden den Paravent mit schwarzem und orangefarbenem Bast (je ca. 25 cm) zusammen. Die Gespenster und Fledermäuse schneiden Sie großzügig aus Gruselkarton aus und fixieren sie mit Abstandsband beliebig auf dem Paravent.

Grusellichter

Beschreibung Seite 18

Motivhöhe

Teelichthalter: ca. 8 cm

Material

- Wellpappe in A4: schwarz und orange
- Tonkartonreste: Gespenster und Kürbisse
- Blumendraht in Silber, ø 0,65 mm, ca. 3 m lang
- Teelichter (Spinne und Fledermaus)
- Holzstab, ø 5 mm

Vorlagenbogen 1B

Grusellichter

Abbildung auch Seite 17

Für die Teelichthalter benötigen Sie einen großen Wellpappestreifen für die äußere Röhre und einen kleinen Streifen, der später die Innenröhre bildet. Achten Sie beim Ausschneiden darauf, dass die Wellen quer zur Längsseite verlaufen.

Rollen Sie zuerst den großen Wellpappestreifen zusammen und verkleben Sie ihn, wobei Sie den Durchmesser einem Teelicht anpassen. Danach formen Sie die kleine Röhre und kleben sie bündig mit dem unteren Rand in die Außenhülle. Das Teelicht kann nun auf den oberen Rand der eingesetzten Pappröhre gestellt werden, ohne dass es in den Halter fällt.

Die Gespenster und Kürbisse schneiden Sie mit Rand aus Gruselkarton. Sie werden mit ca. 30 cm langen Drähten in den Teelichthalter eingesteckt. Die Drähte rollen Sie vorher über einem Holzstab zu ungleichmäßigen Spiralen.

Freche Halloween-Rasselbande

Abbildung Seite 20/21

Kürbisreigen

Schneiden Sie die Körper aus schwarzem und grünem Tonkarton aus. Die Füße falzen Sie an den gestrichelten Linien und knicken sie nach vorne. Die Kürbisköpfe werden jeweils doppelt ausgeschnitten und beidseitig auf die Körper geklebt. Die wirr abstehenden Haarschöpfe werden dabei gleich mit fixiert. Sie bestehen aus mehreren, nebeneinander gelegten Bastfäden von je ca. 5 cm Länge.
Dann stechen Sie mit einer Nadel die Löcher in die Armenden und fügen die freche Bande mit orangefarbenem Blumendraht zusammen. Ein Drahtende wird am Arm einer äußeren Figur befestigt und im Halbbogen zum anderen Arm geführt, durchs Loch gefädelt und mit dem nächsten Männchen verdrahtet, bis ein immer größer werdender, bunter Kürbisreigen entsteht. Zwischendurch wickeln Sie den Draht immer wieder um einen Holzstab, sodass sich spiralförmige Bögen ergeben. Außerdem ziehen Sie jeweils einen Kürbis oder eine Fledermaus auf den Draht. Diese schneiden Sie zuvor aus Gruselkarton aus und stechen in Stängel und Fledermauskopf mit einer Nadel kleine Löcher.

Unser Tipp
Dieser Kürbisreigen lässt sich beliebig verlängern.

Motivhöhe
Je Figur ca. 11 cm

Material
- Tonkarton in A4: schwarz und hellgrün
- Tonkartonreste: Kürbisse und Fledermäuse
- Bastreste in Schwarz und Orange
- Blumendraht in Orange, ø 0,35 mm, ca. 2 m lang
- Holzstab, ø 5 mm
- Nähnadel

Vorlagenbogen 2A

Kleine Lichtfiguren

Die Kürbisfiguren werden bis auf die welligen Silberstreifen, die mit Glitter glue aufgemalt werden, wie die Einzelfiguren des Kürbisreigens gearbeitet. Die Laterne besteht aus zwei Seitenteilen aus Gruselkarton und einem Mittelteil aus schwarzem Tonkarton. Das Mittelteil knicken Sie und kleben die Laterne zusammen. Die Löcher werden mit einer Nadel eingestochen. Den in Bügelform gebogenen Draht (ca. 8 cm) stecken Sie durch die Löcher. Dann stechen Sie einen ca. 15 cm langen Draht durch einen Arm, biegen eine Öse und hängen daran die Minilaterne. Den anderen Arm versehen Sie mit einem weiteren Kürbis. Dazu formen Sie einen ca. 2 cm langen Draht zu einer achtförmigen Öse.
Zuletzt schneiden Sie aus Wellpappe ca. 14 cm x 1,8 cm große Streifen zu. Diese wickeln Sie locker um ein Teelicht und kleben sie zu einem Ring zusammen. Die Halterung fixieren Sie vorne am Körper der kleinen Kürbismännchen.

Motivhöhe

ca. 12 cm

Material

- Tonkartonreste: schwarz und hellgrün
- Tonkartonreste: Kürbisse
- Wellpappereste: schwarz und hellgrün
- Bastreste in Schwarz und Orange
- Blumendraht in Silber, ø 0,65 mm, ca. 50 cm lang
- Glitter glue in Silber
- 2 Teelichter

Vorlagenbogen 2A

Halloween-Mobile

Motivgröße

Großer Kürbis: ø ca. 22 cm

Material

- Tonkarton (von folia): Skelette, Fledermäuse, Kürbisse
- Blumendraht in Silber, ø 0,65 mm, ca. 110 cm lang
- Holzstab, ø 5 mm
- Nähnadel

Die Motive werden alle aus Gruselkarton ausgeschnitten, mit kleinen Löchern versehen und mit Drahtösen und Drahtspiralen zu einem Mobile zusammengefügt.

Für die kleinen Aufhängehaken benötigen Sie sechs ca. 3 cm lange Drähte. Die Drahtspiralen werden mithilfe eines Holzstabes geformt.

Zum Aufhängen der Skelette und der Fledermaus benötigen Sie vier ca. 15 cm lange Drähte, für den Mobileaufhänger einen ca. 30 cm langen Draht.

Vampirlicht

Schneiden Sie den Vampir aus Tonkarton aus und verzieren Sie ihn mit Glitter glue. Dann schneiden Sie aus 3D-Colorwellpappe einen ca. 14 cm x 1,8 cm großen Streifen. Den Streifen kleben Sie zu einem Ring zusammen und fixieren ihn von hinten am kleinen Vampir.

Motivhöhe

ca. 12 cm

Material

- Tonkartonrest: schwarz
- Rest 3D-Colorwellpappe: silber
- Glitter glue in Silber
- Teelicht

Vorlagenbogen 3A

Hexenkessel

Schneiden Sie das Seitenteil des Kessels doppelt und das Zwischenteil einmal aus Tonkarton aus. Die Innenöffnungen trennen Sie mit dem Cutter heraus und kleben das Transparentpapier hinter die Seitenteile.

Motivhöhe

Kessel: ca. 11 cm

Material

- Transparentpapier in A4: orange, Spinnen
- Tonkarton in A3: schwarz
- Hologrammfolienreste: silber
- Dekoband mit Drahteinlage in Orange, 4 cm breit, 1,20 m lang: Spinne im Netz
- Satinband in Orange und Hellgrün, 3 mm breit, je ca. 1,50 m lang
- Kordel in Silber, ø ca. 1,5 mm, ca. 1 m lang
- Blumendraht in Silber, ø 0,65 mm, ca. 1,50 m lang
- Glitter glue in Silber
- Lochzange
- Holzstab, ø ca. 1 cm
- Teelicht

Vorlagenbogen 3A

Anschließend wird das Mittelteil an den gestrichelten Linien gefalzt und zwischen den beiden Außenseiten des Hexenkessels fixiert. Beachten Sie dabei die auf dem Vorlagenbogen markierten Ansatzlinien.
Die Konturen des Kessels werden mit Glitter glue betont.
Dann stanzen Sie mit der Lochzange seitlich die Löcher für den Aufhängedraht ein.
Biegen Sie den Silberdraht zur Hälfte und führen Sie ihn durch die Stanzlöcher. Die Drahtenden sollten auf beiden Seiten ca. 50 cm herausschauen.
Der Draht oberhalb der Kesselöffnung wird etwas zusammengedreht und dient als Aufhänger. Die überstehenden Drähte formen Sie mithilfe eines Holzstabs zu kleinen Spiralen.
An die Drahtenden knoten Sie Spinnenband (60 cm), Silberkordel (50 cm) und Schleifen aus hellgrünen und orangefarbenen Satinbändern (je 75 cm).
Zuletzt schmücken Sie den Hexenkessel noch mit mehreren Fledermäusen. Die Tiere schneiden Sie aus Tonkarton zu, ergänzen beidseitig Innenflügel aus Hologrammfolie und fixieren sie mit einem Tropfen Heißkleber beliebig auf dem Dekoband.

Verwunschene Lichterhäuschen

Geisterhaus

Das Mittelteil samt Boden schneiden Sie einmal, das Seitenteil zweimal aus schwarzem Tonkarton aus. Falzen Sie ihn an den gestrichelten Linien und knicken Sie ihn dann. Streichen Sie den Karton wieder glatt und trennen Sie die Innenflächen vorsichtig mit dem Cutter heraus. Hinterkleben Sie alles mit gelber Faserseide. Anschließend wird das Lichterhäuschen zusammengeklebt. Die verschiedenen Spukgestalten werden mit Rand aus dem entsprechenden Gruselkarton ausgeschnitten und mit Abstandsband beliebig auf der Tischlaterne verteilt. Die überstehenden Dachkanten dekorieren Sie mit je einem frei hängenden Motiv.

Motivgröße

Grundfläche: 7,5 cm x 7,5 cm

Material

- Tonkarton in A3: schwarz
- Tonkartonreste: Gespenster, Kürbisse, Fledermäuse, Bäume
- Faserseide in A3: gelb
- Blumendraht in Silber, ø 0,65 mm, ca. 8 cm lang
- Abstandsband
- Teelicht
- Nähnadel

Vorlagenbogen 2B

Dazu formen Sie ca. 2 cm lange Drähte zu Aufhängern mit Doppelösen, stechen in den Karton Löcher und hängen die Gruselgestalten an den Drahtösen auf. Auf den Laternenboden stellen Sie ein Teelicht.

Hexenhaus

Das Hexenhäuschen arbeiten Sie so wie das Geisterhaus. Statt mit gelber werden die Öffnungen mit orangefarbener Faserseide hinterklebt. Die Augen von Katze und Hexe stanzen Sie mit einer Lochzange aus. Benutzen Sie hierfür die kleinste Einstellung.

Motivgröße

Grundfläche: 7,5 cm x 7,5 cm

Material

- Tonkarton in A3: schwarz
- Tonkartonreste: Kürbisse, Hexen, Fledermäuse, Katzen
- Faserseide in A3: orange
- Blumendraht in Silber, ø 0,65 mm, ca. 10 cm lang
- Abstandsband
- Teelicht
- Lochzange

Vorlagenbogen 2B

Um Mitternacht kommt die Hex'

Für die Kürbisleuchten schneiden Sie die Seitenteile doppelt, das Mittelteil einmal aus orangefarbenem Tonkarton zu. Die Seitenteile hinterkleben Sie mit Transparentpapier. Dann wird das Mittelteil an den gestrichelten Linien gefalzt und die Laterne zusammengeklebt. Pro Laterne schneiden Sie aus grünem Tonkarton drei Blätter und zwei Stängel aus und fixieren diese. In die Stängel stanzen Sie Aufhängelöcher.
Nun fassen Sie das Birkenreisig mit Wickeldraht zu einem ca. 2 cm starken Bündel zusammen, dabei arbeiten Sie gleichzeitig die Mini-Lichterkette mit ein. Die äußeren drei Birnchen auf beiden Seiten werden mit etwas Draht zusammengebunden, die mittleren Lämpchen lassen Sie einzeln stehen. Um Birkenreisig und Lichterkette winden Sie die Mini-Efeugirlande. Anschließend ziehen Sie durch die Kürbisstängel orangefarbenes Satinband (je 50 cm) und knoten die Laternen am Birkenreisig fest, die mit Draht zusammengelegten drei Birnchen bringen Sie dabei in der Kürbislaterne unter.
Dann befestigen Sie das 75 cm lange Aufhängeband (Taftband) und dekorieren das Reisigbündel zusätzlich mit zwei Taftschleifen (je 30 cm). Aus dem Gruselkarton schneiden Sie zehn Kürbisse mit Rand aus. Acht Kürbisse reihen Sie übereinander an beliebig langen Nylonfäden zu zwei Ketten mit vier Kürbissen auf. An das untere Fadenende hängen Sie ein Blatt.
Die beiden Ketten knoten Sie an das Reisig bzw. an die Minilämpchen, die beiden übrigen Kürbisse kleben Sie separat fest.
Zum Schluss schneiden Sie die große Hexe aus. Am Hals stanzen Sie zwei kleine Löcher ein, ziehen ein 25 cm langes grünes Satinband hindurch und befestigen die Hexe am Aufhängeband.

Motivhöhe

Hexe: ca. 23 cm

Material

- Tonkarton in A3: orange und grün
- Tonkarton (von folia): Hexe und Kürbisse
- Transparentpapier in A3: orange, Hexen
- Mini-Efeugirlande, ca. 1 m lang
- Birkenreisig, ca. 50 cm lang
- Satinband, 3 mm breit: in Orange ca. 1 m lang, in Grün ca. 25 cm lang
- Taftband in Hellgrün, 15 mm breit, ca. 1,35 m lang
- Mini-Lichterkette , 10-flammig
- Dünner Wickeldraht
- Nylonfaden
- Lochzange

Vorlagenbogen 2B

Vampire gehen um ...

Das Gruselmotiv wird mithilfe von Transparentpapier vom Vorlagenbogen auf schwarzen Tonkarton übertragen. Anschließend trennen Sie mit dem Cutter die Innenflächen heraus, danach schneiden Sie die äußere Kontur der Szene nach.
Um ein intensiveres Gelb zu erhalten, wird das Papier für den Mond und die Fenster doppelt aufgeklebt. Den Rest des Fensterbildes hinterkleben Sie mit dem

Vampir-Transparentpapier. Nase und Augen der Eule schneiden Sie aus und kleben sie auf. Die Pupillen werden mit schwarzem Filzstift aufgemalt. Kürbisse, Fledermäuse und Vampire schneiden Sie mit Rand aus dem Gruselkarton aus und fixieren die Figuren mit Abstandsband beliebig auf dem Fensterbild.

Motivbreite
ca. 49 cm

Material
- Tonkarton, 50 cm x 70 cm: schwarz
- Tonkartonreste: weiß und orange
- Tonkartonreste: Fledermäuse, Kürbisse, Vampire
- Transparentpapier, 50 cm x 70 cm, weiß: Vampire
- Transparentpapier in A3: gelb
- Abstandsband
- Filzstift in Schwarz

Vorlagenbogen 3B

Der Blutsauger

Abbildung Seite 32

Mithilfe von Transparentpapier übertragen Sie die Vampirszene auf schwarzen Tonkarton. Zunächst trennen Sie mit dem Cutter die Innenflächen heraus, danach wird der Umriss des Fensterbildes nachgeschnitten. Das Schloss wird mit einer doppelten Lage gelbem Transparentpapier hinterklebt. Den restlichen Hintergrund hinterkleben Sie mit dem Sternenhimmel. Die Mantelfalten betonen Sie zusätzlich mit Glitter glue. Aus Gruselkarton schneiden Sie mehrere Einzelmotive aus und fixieren diese mit Abstandsband auf dem Transparentpapier.

Motivbreite
ca. 24 cm

Material
- Tonkarton in A3: schwarz
- Tonkartonreste: Vampire und Fledermäuse
- Transparentpapier in A3: nächtlicher Sternenhimmel
- Transparentpapier in A4: gelb
- Abstandsband
- Glitter glue in Silber

Vorlagenbogen 3A

Der Blut-sauger

Beschreibung
Seite 31